Библиотека
АЛИСА

Уредник
ЉИЉАНА М. СИМИЋ

Рецензент
МАТИЈА БЕЋКОВИЋ

Илустрације
РАДИЧ МИЈАТОВИЋ

Мирјана Булатовић

ПОПРАВНИ ДОМ ЗА РОДИТЕЉЕ

Рад

КАСНОКАСНИЛАЦ

Ранораниоци су прави људи,
а ја сам каснокаснилац бедан.
Мама ме сваког јутра буди:
„Пролази живот, поспанко један!"

Пролази живот ионако,
у постељи или на тераси!
Мајчице мила, немој тако,
него се и ти уза ме скраси.

Лези крај своје мале душе,
одложи ручак и куповину,
изнећеш кошуље да се суше,
а сад се скроз посвети сину.

Чешкај ми главу округласту,
и помињи ми окице лепе,
деца од тога једнако расту
кô од спанаћа и шаргарепе.

Ранораниоци су шампиони,
спавају сасвим близу јаве
и јасно чују како звони
сат крај њихове бистре главе.

Мени је магла до поднева,
из сна извирем натенане,

не смета ми бука ни врева,
ни што сам пола дана без хране.

Зашто ли ме сви редом коре,
као да спавам насред куће:
„Устани једном у цик зоре!
Зар те не занима свануће?!"

Не занима ме тако хитно!
Видећу га до краја века.
Освит је нешто неумитно
што врло дуго може да чека.

НЕ ДАЈ ДА СЕ ЧУДИМ

Ако су неком сви дани дуги,
како то да му је живот кратак?
Ти ћеш, дедице, и нико други,
да ми решиш овај задатак!

КРАВЉА КОЛА

Хало, млекара, како вам краве?!
Могу ли оне да ми се јаве?!

Не знају српски? Зар нису наше?
Штааа?! Телефона се плаше?

Ах, тај је изум веома стар,
постоји једна новија ствар:

мобилни – када на пашу оду,
да причају с вама у ходу:

Хало! Овде, извин'те, краве...
Попасле смо три ара траве!

Можете ли се амо довући
да нас најзад водите кући?!

Вимена су нам отежала!
Ручак је био изврстан! Хвала!

А сада нам се малчице дрема,
па се чудимо што вас нема!...

Хало! Млекара! Нисам то хтео,
нешто сам друго започео...

Можда вас зовем одвећ касно?
Да ли сте продали пуномасно?

Ваше ми млеко веома прија,
штета што нисам млекаџија.

Од сваког литра бих гуцнуо мало,
ма не шалим се, хало! Хало!

Пореметио ми се животни ток
када ми нестане крављи сок.

Нисам љубитељ кока-коле,
њу, махом, незналице воле.

Укусна је, свака јој част,
али је бескорисна за раст.

Утврдио сам шта јој фали –
витамини и минерали.

Тата каже – тако је фина,
штета што нема протеина.

Ето зато бих млекце баш,
хоћу да будем двометраш!

Хало, дајте ми најближу краву,
нека мукне да сам у праву!

ЗАШТИТА ЖИВОТНЕ СРЕДИНЕ ОД СЕБЕ

Зашто овај папирић да носим чак до канте,
као да ће то људи да поштују и памте!

Што не отворим шаку и испустим га крај пута,
а он ће уз помоћ ветра до реке да одлута.

Малецни папир један, папирче папирнато,
а чувам га у руци као да је злато.

Далеко је контејнер, што канте нису гушће,
наставим ли овако, стићи ћу на ушће.

Радо бих пружио прсте, ослободио длан,
али ћу још мало остати уздржан.

Јер ако би наједном свако људско биће
нехајно одбацило сувишне комадиће,

то би довело зачас до еколошког мрака,
искрсла би брда, планине отпадака!

Остаћу прибран, дакле, још пола минута,
а даље нека папир без мене градом лута.

ОБИЧНИ ДАНИ ЉУБАВИ

Можда је посебан Осми март,
можда су остали дани шкарт,
ал' ја бих да развучем доброту
по целом мамином животу.

КАКВА ЈЕ ТО МАМА
БЕЗ ВИШКА КИЛОГРАМА

Децо, убедите своје маме
да скину сувишне килограме.

Ја знам једну праву дијету:
не јести ништа на белом свету.

Мамама које немају меру
блокирати прилаз фрижидеру.

Важно је да сте им увек близу,
ако би запале у кризу.

Тада нека им буде храна
колутић плавог патлиџана.

Буцама које сувише стрепе
додајте пола шаргарепе,

четврт лимуна и мало цвекле,
како би нову снагу стекле,

ал' скријте све што је чоколадно
и тепајте им: „Моје гладно".

Зато што тако мучно живе,
дијеталке су осетљиве.

И деци буде неугодно,
јер мами ништа није згодно:

да пече, пржи, меси слаткише
– е, тог у кући нема више;

што каже слабокрвни Јова:
спао јеловник на два слова!

Кад сви, најзад, добро ископне,
мами се линија на главу попне,

па гневно објави: „Сине, опрости!
Отварам кухињске свечаности!"

САМОПОУЗДАЊЕ

У моди немам баш много среће –
све ми купују три броја веће!

Ти растеш, кажу, цигљаш стално,
ово ти је универзално:

за трећи разред, четврти, пети,
а после ћемо већ видети.

Ех, да ми је, да сâм то могу,
узô бих патику уз ногу,

и јакну да ми покрије леђа,
а не да укус грађана вређа.

Имô бих тесне фармерице
и џемпер од триста грама вунице.

Био бих срећен, дигô бих главу
кад спазим ону малу плаву.

Рекô бих: „Хајде, буди ми жена!
Желиш ли мужа за манекена?"

БЕСКРАЈНА ХИГИЈЕНА

ПРЕ И ПОСЛЕ ЈЕЛА ТРЕБА РУКЕ ПРАТИ
– немој да ми неко то погрешно схвати!

Пре јела су руке прашњаве и сиве,
дочим после јела чисте и лепљиве.

Руке треба прати пре и после свега,
неопходна им је интензивна нега.

Најбоље да прања престанеш да бројиш.
Докле руке переш, дотле и постојиш.

ЛЕТАЧ

Ах, колика би моја срећа била
да су ми превозно средство крила!

Винуо бих се изнад Чукарице
и помиловао ближње птице.

Видео бих озго трамваје
и аутобус како стаје,

и децу на жутим љуљашкама,
и маму како шета сама,

па бих јој рекао у ниском лету:
„Волим те највише на свету!"

и с неком другом птицом у пару
устремио бих се ка Врачару.

Упознао бих цео град
још док сам летач сасвим млад,

Теразије и Палилулу,
Победника, Небојшу кулу,

Звездару, Сењак, Бели двор,
био бих страшан летећи створ,

неуморан, увек у стању
да надлетим Вишњичку бању,

Вождовац, Церак и Топчидер,
изненада бих мењао смер

и висину, и правац лета,
јер када човек небом шета

усхити га такво пространство
и осећа се као божанство,

ил' као какав дивљи гусак
ако га горе задеси пљусак!

ДОВОЉНО САМ СТАР
ДА ПРЕУЗМЕМ СТВАР

Одсад ја пијем јутарњу кафу
и на посао идем место вас,
а ви шчепајте ову жирафу
ако мислите да је то спас.

Ето вам и других играчака
кад завршите домаћи рад,
вратићу се кући пре мрака
ако не буде закрчен град.

Треба ли штогод да вам купим?
Две „плазме", добро, и мандарине;
немој, мама, сад да те лупим,
какав прслук лутке Марине!

Ти, тата, пази малу маму,
још је незрела, нема мере,
не остављај је никако саму,
ужива да се по столу вере!

Е па, надам се, све је јасно,
малени моји родитељи!
Морам да кренем, већ је касно,
добићете воће по жељи.

УПОТРЕБЉЕНИ МУШКАРАЦ

До сада сам се више пута
уплашио судбине трута!

Када обави неке ситнице,
буде избачен из кошнице.

Шта се може, тако су хтеле
неосетљиве женске пчеле.

Љубав је прошла, сада је ред
да у тишини луче мед.

ТВ СТРЕС

Што маме воле да гледају
серије оне потресне!
Само тада и седају,
и седећи побесне:

„Јао, лудак! Зар не зна
да му подмеће стрина,
отровница опрезна,
а претвара се фина!"

Моја је мама, иначе,
тиха, неупадљива,
готово никад не плаче
и не делује свадљива,

ал' је серија шчепа
да једва себи личи,
није више ни лепа
кад почне да варничи:

„Бездушник! Гле, жртва!
Како је хладно кокну,
а сад кад је мртва
уврће јој локну!"

Заплели су драму,
свако сваком стреми,

не пуштају маму
да вечеру спреми!

Не мора да пржи,
нека питу дода;
ко ће да издржи
петсто епизода!

РУПА НА СРЦУ

Ја сам већ имао четири жене:
Сању, Јелену, Ану и Тару,
због свих сам хтео да сечем вене,
а сада ми је срце у квару.

Почиње оно из романа,
помислио бих у први мах,
изгарао бих месец дана,
а потом би се десио крах.

Разочаран сам у четири бројке,
у своју љубав, не у туђу!
Куда изађу те девојке
када ти једном под кожу уђу?

ПОЗИВ КАПЕТАНА ПУБЕРТА

Ако вас мори проблем досаде,
будите чланови наше посаде!

Ми смо веома нежни пирати,
нећемо успут никог дирати.

Можда неком сецнемо браду
ако нам не да чоколаду,

али то је злодело лако,
а не језиво – је ли тако?!

Нисмо, да кажем, ми гусарчине,
које таква зверства начине,

да се пучина просто сатре
од паљбе, крви, дима и ватре,

већ смо дружина у пубертету,
која плови по облом свету

да види куда се врзмô, тумбô
Кристофер онај, звани Колумбо.

Кормилар нам је чудан створ:
„Везаћу брод за екватор!"

Дочекаће га гадна замка,
та је линија толико танка,

и замишљено се протеже,
да ће шипак за њу да веже!

На нашој палуби свашта расте,
разумни људи и фантасте,

занесењаци и прибрани,
све их кувар Теодор храни.

Девојчица је недовољно
и већи део дана су вољно,

али нам врло мало значе
јер су углавном мушкараче.

Једино нас подићу жмарци
кад се пентрају по катарци.

Све у свему, баш је весело,
никоме досад није пресело.

Разорићемо и твоју досаду
ако ступиш у нашу посаду.

Испловићемо у раздање,
за осам сати или мање,

дођи у поноћ до пристаништа,
и не говори ником ништа.

Упамти овај плави прамац
и испод њега бели чамац,

а сад иди, отац те зове,
мали буцмасти пустолове!

ЏЕПНИ ПРОВОД

Волео бих да сам синчић торбара,
па да ме у својој торби треска.
У два скока смо код сластичара,
ил' у базену пуном песка.

Као кенгурче радознало,
не бих седео само на дну,
вирио бих из торбе мало,
грејући шапом њушкицу хладну.

Десет је метара мамин корак,
стигли бисмо у сваки кутак,
не би ми живот био горак
ни на тренутак, ни на тренутак!

ЛАКА ЗАНИМАЊА

Ако не будем много вредан,
постаћу возач ФОРМУЛЕ ЈЕДАН.

Јуришаћу триста на сат,
чувајући, наравно, врат.

Волеће ме жене из сенке,
као и славне манекенке,

бићу веома пожељан, тражен,
незамењив у друштву, мажен,

моје је само да возим триста
и да ми кацига на сунцу блиста.

А када једном будем стар
сви ће ме звати ФОРМУЛАР.

У ЈЕДНОМ СЛОВУ
НЕШТО ШУШКА

Као сасвим мали, исто сам био фин,
а ретко, врло ретко, неподношљив син.

Научио сам брзо шта све одојче не сме
кад изнурена мајка седне да пише песме.

Уважио сам оно, уважио ово,
најзад сам само хтео да јој уђем у слово!

И то мало неко! Што мање, то боље,
јер сам теже ствари радио с више воље.

Тад би ме се таквом кретњом ослободила
као да ме недавно уопште није родила!

ПОМОЋНЕ НОГЕ

Јесу ли били мали ове деде и баке,
или одувек носе штапове и штаке?

Виђао сам често, кад иде особа старија,
да са њоме тапка и њена дрвенарија.

Мени су служиле руке као помоћне ноге,
тако сам прегазио сантиметре многе.

Збиља, да ли су ове симпатичне бабе
ускакале у трамвај и возиле се џабе?

Јесу ли икад, икад биле девојчурци
и пиле слатко вино на некој древној журци?

Ја само знам да није нарочито здраво
што баке сада иду тако кривудаво.

Помоћне ноге каткад уопште не вреде,
боље да се бапци ослоне о деде.

СВАДБЕНА ПЕСМА О РАЗВОЈУ

Нека, нека, нек техника цвета,
женићу се преко интернета.

Огласићу читавоме свету
да се надам жени и детету.

Немам чак ни расних предрасуда,
ко год жели треба да се уда!

ВАПАЈ

Не стављај, мајко мила, ту морску со у јело,
у њој је ноге прало цело приморско село!

ПИСМО КОРЊАЧИ СА ГАЛАПАГОСА

Часна старице са панциром,
корњачо славна галапагоска,
чујем да тамо живиш с миром
и да ти годи клима морска.

И ја сам заштићени сој,
брину о мени претерано,
скучен, недовољно свој,
пре свега лежем одвећ рано,

не могу на прозор, нити на кров,
или да себи ручак скувам,
као да сам на свету нов
и неспособан да се чувам!

Часна старице, ти би мојима
могла да будеш чукун-чукунбака,
реци им да човек лоше поима
одгој изузетних дечака.

Пошаљи с Тихог океана
бар једно писмо, мудро и смело,
очекиваћу ових дана
дрхтавог ногописа дело!

РАЗГЛЕДНИЦА ИЗ ЈУЖНЕ АМЕРИКЕ

Детешце српско божанствено,
читам, на далекоме мору,
писамце којим си ме пренô
у моме спарном Еквадору.

Одмах да ти корњача каже:
мој млађи синчић има стотку,
и када друго не помаже,
ја мирне душе узмем мотку!

КЛОНИРАЊЕ

Веома сам склон
да направим свој клон,

јер оваква зверка
бар у три примерка

треба да постоји,
па да, лепо, броји:

    Први ја – у школу,
    други ја – са Ланом,
    трећи ја – у тролу,
    и тако дан за даном...

Имô бих три брака
и мноштво потомака.

Као часовничар,
астроном и птичар,

имô бих три жене,
а оне три мене.

Птичарева жена
(лепотица снена)
и жена астронома
(као удар грома)

можда би се среле
тражећи ципеле,

ил' намештај од прућа
широм робних кућа:

> Имаш мужа? Имам.
> Имаш и ти, збиља?
> Ја све ово снимам
> и зовем се Љиља.
> Мој муж с тобом спава!
> Страшно! Немаш права!
> Свој муж је са собом,
> кунем ти се тобом!

Ух, па то би било
свеопште бунило!

Нисам више склон
да начиним клон.

ХОЋУ БРАК У ЛЕПОМ СЕЋАЊУ

Брак је замка, брак је клопка,
жена мужа стално копка!

Чепрка му по нервима,
што год чини – она снима,

па ромори: „Немој тако,
ово ти је наопако,

а ни оно јуче није
на добробит фамилије."

Наброји му све што сними
и заврши у интими:

„Чим је прошô месец меден,
постао си страшно леден!

Промичеш кроз кућу журно,
имаш неку засигурно!"

Потом отхукне и тата:
„Да си, богдо, неудата!"

Мени мука, као читам,
а дође ми да упитам:

Кад се тако посвађате,
што онда у ситне сате,

потајно, без мога знања,
почињете миловања!?

Дању борба, ноћу слога,
доста ми је више тога,

кријте ружне стране брака
од недужних потомака!

ВЕНЕЦИЈА

Мора да сваком детету годи
кад му је родни град на води.

Нема тога коме не прија
величанствена Венеција.

Тамо дете из школе кући
сигурно иде пливајући.

До школе можда чак и рони,
па и не чује када звони.

Ускочи мокар на други час,
док га правдају сви углас:

Ми долазимо гондолама,
а он у друштву са рибама!

Нема упалу, никакав грип,
човек је, просто, подводни тип!

Помисли, кад би водена била
улица Кнеза Михаила!

Пливали бисмо унакрсно,
корзирали леђно и прсно,

понеки чак и батерфлај,
ајој, где би нам био крај!

Ови италијански странци,
људи звани Венецијанци,

баш су умели да се роде
на двеста улица од воде!

АЈФЕЛОВА КУЛА

Према здању званом Ајфелова кула,
наш је небодерчић грађевинска нула.

Претпостављам шта је стари Ајфел хтео –
да сагради кулу да би наврх сео
и гледао озго људе као мраве,
уравнотежено, без имало страве,
сам под облацима, клатећи ногама,
а дубоко под њим париска галама,
повици и хука с трга Трокадеро,
„О, Ајфеле, сине, зашто си се веро?!",
глас згрануте мајке, оца забринута,
„Ајфеле, магарче, већ сам ти сто пута...",
а Ајфел се смеши изван домашаја,
сматрајући да је родитељска граја
нормална појава у граду Паризу
кад ти дете није на земљи и близу.

Да је мени такво осматрачко место,
не бих га волео колико краљ престо,
него чак и више – кô принцеза принца,
узалуд би моји тражили јединца
око Мажестика и Рускога цара,
јер синак на кули најслађе одмара,
бацајући озго прегршти конфета
на сићушни народ који тргом шета.

Да је мени такво осматрачко место,
да ли бих у школу силазио често?
Сумњам. Имао бих блокчић оправдања
од доктора који и сам јадан сања
да ишчезне начас, да се некуд дене,
далеко од слатке дечице и жене.

КАКО СУ РОДИТЕЉИ ГРДИЛИ ВЕЛИКАНЕ

Ух, забога, не чини то,
недоказани Бернарде Шо!

Ти си, Гете,
баш подло дете!

Њутне драги! Њутне Исаче!
Вуцибатино! Манијаче!

Наддете! Ниче!
Разбојниче!

Види га како се само дере!
Умукни, блесави Вагнере!

Твојим манама нема броја,
немогући Франциско Гоја!

Остави те клавирске дирке,
чудовишни дечаче Рилке!

Зар се усред обеда зева,
грозна Марина Цветајева?!

Само марва толико скаче,
дивљи Борисе Пастерначе!

Обриши сузе! Доста галаме,
бесни Осипе Мандељштаме!

Излази из Влтаве, Сметана!
Плав си! Брчкаш се пола дана!

Чекај, чекај! Ево мене,
Лудвиже глупи ван Бетовене!

Камо среће да свака мама
позна генија у пеленама.

ОТЕЖАНО ДИСАЊЕ

Кад тата оставља цигарете,
жалим што сам његово дете!

Закуне се да неће више
тај несношљиви дим да дише,

већ прелази на ваздух чист,
мења живот, окреће лист,

и гужва последњу паклицу „бонда",
одлучно, гневно – баш као онда.

Нема томе ни месец дана,
када се праштао од дувана,

била је недеља, пуна тескобе,
он, под заклетвом, насред собе,

ојађен, снужден, свргнути цар,
десио му се нервни квар.

Пушио некад што му је ћеф,
после му дуван постао шеф,

и место да изиђе пред сина
и каже „Роб сам никотина",

он се зариче да неће више
тај несношљиви дим да дише!

САЈАМ КЊИГА

Пренеражен сам, драга мама,
оним сајамским кућицама!

Да читам десет хиљада дана
најбоља дела, изабрана,

савладао бих, можда, штиво,
ал' кад бих знање примењивô!?

Нећу да живим као Ана:
не види живот од романа,

а на крају ће да је смота
књигомрзац препун живота!

Да читаоци не би свисли,
нек писци мало сажму мисли

и нека се држе по страни
сви који нису великани.

Доживео сам културни шок:
Сајам као стамбени блок!

Нигде ознаке, путоказа:
главна жила, споредна стаза,

кутак за развој малишана,
пречишћена духовна храна,

књиге за изнурене маме
ако икад остану саме,

или за очеве који брину
да свагда досегну суштину.

Како би било, хајде, реци,
да претураш по апотеци

и изгубиш четири дана
тражећи сируп од јоргована?

Молим, ако се икако може,
да се те књиге боље сложе!

Гарантујем, за писце јаче
довољно је једно сокаче!

Зар човек мора све мисли сетне
у тврди повез да уметне!?

ЗИМСКИ САН

Данас је тако тмуран дан
да ми се тоне у зимски сан.

Збиља, та медвеђа вештина
да се избегне маглуштина

и одспава више месеци,
много би користила деци!

Кад се дрвеће листопадно
осети огољено, јадно,

и кад фијукне онај ветар
што троши секунд на километар,

шта би дете и шта би мече,
него да се од зиме лече

у људској и у зверској кући,
све до пролећа дремајући!

НЕНАДМАШНО ПРВО ДЕТЕ

Моја ће сестра знати
           кад се напокон уда:
прво дете је чудо,
           а друго копија чуда!

Првенац је створење
           спуштено с небеса,
друго дете мање
           родбину потреса.

Гледај му прстиће, очи,
           шкољке ушне;
Ау, како дише,
           ко ће да ослушне?

Само око прве
           бебе сви се јате,
а другу можете
           и да препричате!

ШТО СИ ЗИНÔ, ИДЕМ У КАЗИНО!

Нећу више да се мален патим,
решио сам да се обогатим!

Одлучио, са дванаест лета,
да постанем краљевић рулета.

Освојићу врећу новчаница,
досадила ова оскудица.

Само да се не догоди грешка
кад успори старинска вртешка.

Не приличи угледноме сину
да изгуби очеву ситнину.

Коцкарче би обузео јад
да доживи такав рани пад...

Нек си зинô, нећу у казино!

ОБЕЗБЕЂЕЊЕ

Сад и у нашој земљи има
агенција са агентима.

Што се тиче живота мог,
обезбеђење ми је – Бог!

Божје ми је присуство драже
од најбоље телесне страже.

Стража каткад дрежди до јутра,
али није с тобом изнутра!

ДЕЧАК КОЈИ ЈЕ ИМАО СВЕ

Желео сам да имам жељу,
неостварену, која боли;
Хајде утуви родитељу
да дете тако нешто воли!

Довлачили су ми летеће штошта,
котрљајуће и пузеће,
знао сам само да много кошта
пола дана детиње среће.

Имô сам свега осим жеље,
неостварене, дуге, жарке,
сад убеђујем родитеље
да ми Соњу купе за марке!

ВОЂА ПУТА У СУШТИНУ

Зашто људи касно виде
пут којим сеређе иде?

Није добро за човека
да све пита Скота Пека.

Што се риба, лептир, птица
не чувају странпутица?

Када слона нешто мори,
природа му одговори.

А због људскога живота
сви читају тога Скота!

ПОПРАВНИ ДОМ ЗА РОДИТЕЉЕ

На тргу велелепно здање,
а иза тешких храстових врата
стручни тим за васпитање
запуштених мама и тата.

Идем својима у визиту
и путем сретнем психијатра,
каже – спадају у елиту,
свакога дана их посматра.

Биће то добри васпитачи
чим се свога детињства сете,
педагогу веома значи
период кад је био дете.

Да би возио обична кола
човек се спрема три месеца,
па зашто не постоји школа
да се кроз живот возе деца?!

На главном тргу у мојој машти
зграда саздана од пусте жеље,
под кровом ћирилица шљашти:
ПОПРАВНИ ДОМ ЗА РОДИТЕЉЕ !

ПРИЧА О ПИСЦУ

Човек, кроз живот, учи и научи свашта, али као да заборави себе маленог.

„Благо вама док сте мали и ништа не знате", с уздахом напомиње многи родитељ. Погрешно. Кад сам била мала, све сам знала – чак и то да онај ко ништа не зна док је мали, неће много знати ни кад одрасте.

Господе, шта све нисам протискивала кроз своје нежне, детиње мождане вијуге! Целу планету Земљу, са ватром у средини и водом на површини! Потом човека, свагда сумњиви украс планете. Питање смрти; бесмисао живота без краја. Простор без краја! Потпуна, дуга посвећеност чињеници да се космос нигде и никада не завршава, искрено осећање бескраја, учинило је да рано назрем Бога.

Ах, љубав! Тема и по! Ту ме је, признајем, надмашио Матија, лично мој трогодишњак:

– Мајко, ја *морам* да имам *две девојке,* не могу само једну!
– Зашто, молићу?
– Кад имам само једну, *оде ми душа за њом.*

Драгоцено осећање из детињства, да ми никада, ама баш никада није досадно, много ми је помогло у животу. Уместо да се дружим са осредњим људима, читала сам најбоље књиге и, читајући, стизала да се дружим само са најбољим људима!

Зато одбијам да разумем кад ми се нека паметница пожали на досаду.

– Како то? Космос бескрајан, а теби досадно? Мисли!

САДРЖАЈ

Каснокаснилац 5
Не дај да се чудим 7
Кравља кола 8
Заштита животне средине од себе 11
Обични дани љубави 12
Каква је то мама без вишка килограма 13
Самопоуздање 16
Бескрајна хигијена 17
Летач 18
Довољно сам стар да преузмем ствар 20
Употребљени мушкарац 21
ТВ стрес 22
Рупа на срцу 24
Позив капетана Пуберта 25
Џепни провод 27
Лака занимања 28
У једном слову нешто шушка 29
Помоћне ноге 30
Свадбена песма о развоју 31
Вапај 32
Писмо корњачи са Галапагоса 33
Разгледница из Јужне Америке 34
Клонирање 35
Хоћу брак у лепом сећању 37
Венеција 39
Ајфелова кула 41
Како су родитељи грдили великане 43

Отежано дисање 45
Сајам књига 46
Зимски сан 48
Ненадмашно прво дете 49
Што си зинô, идем у казино! 50
Обезбеђење 51
Дечак који је имао све 52
Вођа пута у суштину 53
Поправни дом за родитеље 54
Прича о писцу 55

Библиотека „Алиса"

1. Божидар Пешев: *Испод свиленог плашта*, песме
2. Татјана Цвејин: *Распевани буквар*, песме
3. Весна Алексић: *Карта за летење*, роман
4. Божидар Мандић: *Ја сам ја*, песме
5. Добрашин Јелић: *Вичи полако*, записи
6. Љубица Коцић: *Пећино детињство*, песме
7. Виолета Андревски: *Тајновито шапутање*, песме
8. Ђорђе и Јелена Оцић: *Речи у шетњи*, игроказ
9. Весна Алексић: *Звезда ругалица*, роман, награда „Невен" 1996. године
10. Љиљана Нинковић-Мргић: *Шепурење*, песме
11. Весна Алексић: *Месечев дечак*, роман
12. Светозар Влајковић: *Узлетање*, приче
13. Недељко Терзић: *Водени сат*, приче
14. Весна Алексић: *Ја се зовем Јелена Шуман*, приче, награда „Политикиног Забавника" за најбољу књигу за младе, 1998. године и награда „Доситејево перо"
15. Љиљана Грујић-Еренрајх: *Краљевске муке*, бајке
16. Жељко Тмушић: *Песме дечије и још нечије*, песме
17. Борка Живић: *Волим те, са ове стране огледала*, приче
18. Бранка Радовановић: *Непричава*, легенде
19. Драгомир Ђорђевић: *Сећа ли се ико*, песме, награда „Политикиног Забавника" за најбољу књигу за младе, 1999. године
20. Јелица Веселиновић: *Златна коса*, бајке
21. Драган Алексић: *Дворац у башти*, приче
22. Божидар Пешев: *Легенда о Водгори*, роман
23. Олга Чоловић: *Вир*, роман
24. Горан Бабић: *Облаци*, роман
25. Мирјана Булатовић: *Поправни дом за родитеље*, песме

Мирјана Булатовић
ПОПРАВНИ ДОМ ЗА РОДИТЕЉЕ

*

Главни уредник
НОВИЦА ТАДИЋ

*

Лектор и коректор
МИРОСЛАВА СТОЈКОВИЋ

*

Издавач
ИП РАД, д. д.
Београд, Дечанска 12

*

За издавача
СИМОН СИМОНОВИЋ

*

Припрема текста
Графички студио РАД

*

Штампа
ЈОВАН
Београд

Штампање овог издања омогућили су дародавци из Немачке: инж. Душан Стојадиновић и др Милан Генчић са супругом Луси.

Die Herausgabe dieses Buches wurde durch die liebenswürdige Hilfe fon Herrn Ing. Dusan Stojadinovic und Dr. Milan Gencic mit Frau Lusi aus Deutschland ermöglicht.

CIP – Каталогизација у публикацији
Народна библиотека Србије, Београд

886.1-1

БУЛАТОВИЋ, Мирјана

Поправни дом за родитеље : Мирјана Булатовић ; [илустрације Радич Мијатовић]. – Београд : Рад, 2001 (Београд : Јован). – 59 стр. : илустр. ; 21 cm. – (Библиотека Алиса)

Слика аутора.

ISBN 86-09-00724-3

ИД=88332812

www.ingramcontent.com/pod-product-compliance
Lightning Source LLC
Chambersburg PA
CBHW060428050426
42449CB00009B/2194